CHUCHUHAE
PUM PUM

멜로디스타 연구실

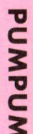

ILLUST LAB

글 그림 쭈쭈해·펌펌

은행나무

차례

IDOL ♥ 7

BAND ♥ 31

FAIRY TALE ♥ 47

MYTH ♥ 65

DREAM ♥ 81

WHO ARE THEY ♥ 105

IDOL

"「영원히, 마음 속 폴라로이드에 남기를(You)」"

✽

"「Oh 네 심장을 쥐고 흔들고 Kill it」"

✽

"Pit-a-pat U! 안녕하세요, Heart Siren의 스마일 에너지!
미아입니다!"
"이번 저희의 『Blue Rain』은 미디엄템포의 R&B 장르의 사랑하는
사람들과 헤어지고 남겨진 사람들에 대한 곡입니다."

✽

"We are NINETEEN! 안녕하세요, 나인틴의 막내 준수입니다."
"루이스, 케이니! 우리랑 같이 챌린지 좀 찍어주라!"
"오케이. 대신 너네도 찍어줘야 돼."

✽

"Tie up, 블랙체인 입니다. 신곡 In the dark는
저희의 짙고 깊은 매력이 담긴 곡입니다. 많이 들어주세요."

✽

"오션! 밥 먹었어요?! 어제 오신 분들 손!!!
근데 오셔니들은 학교랑 회사는 안 가요?"
"「Ooh 첫눈에 알았지 Let it snow 흰 눈처럼 내게 다가올 널」"

orbit

nineteen

바보~ㄱ

HYUN

nineteen

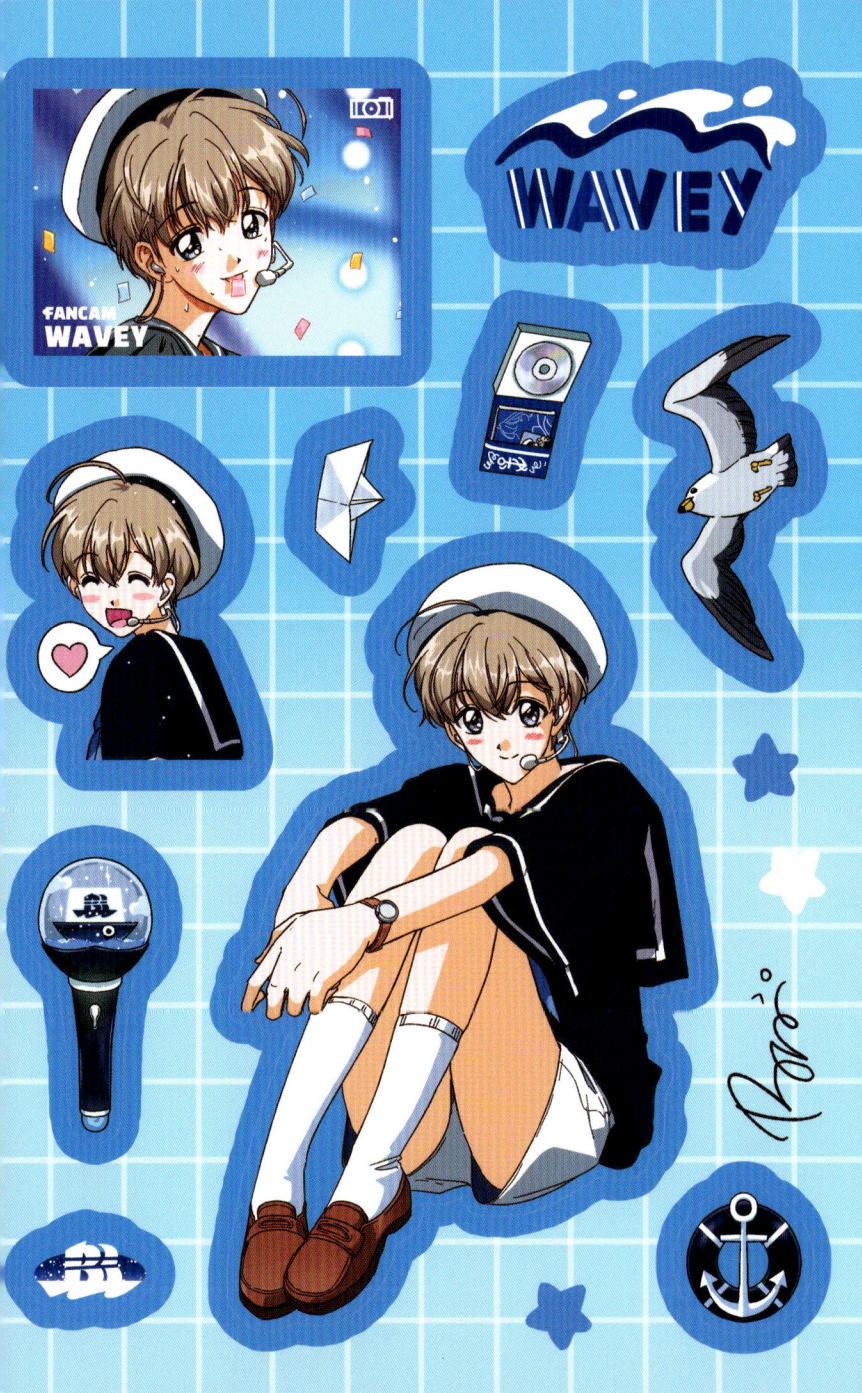

TAKE A PICTURE 📷

아이돌

BAND

"나나! 드럼 더 빠르게!"
"선배나 잘 하세요."

※

"「Woo, You are buger boy」"
"「We are, we are!」"
"「We are, we are!」"

※

"시이는 준비 완료♥ 시아치! 같이 가볼까?"
"시아도♡ Let's Baby PP♥!!"

"XXX" What I ate

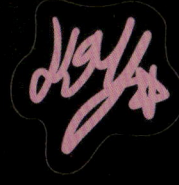

FAIRY TALE

"사과처럼 달콤한 입맞춤을 했어."

❀

"비비디 바비디 부! 12시가 되기 전에 돌아와야 해."

❀

"이제 이 다리로 나는 어디든지 갈 수 있어."
"누구도 날 어떤 것에도 가둘 수 없지."

❀

"이곳은 어디아?"
"달콤한 캔디와 초콜릿으로 가득해!"

❀

"체셔, 어느 쪽이 정답이야?"
"걷다보면 어느 쪽이든 도착하게 될 거야."

❀

"엄마, 와인과 케이크도 챙겼어요. 할머니 집에 다녀오겠습니다!"

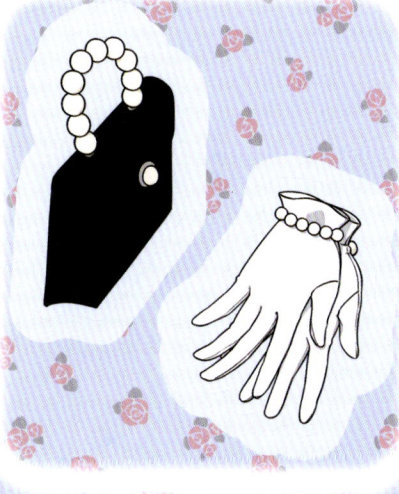

Cinderella

TAKE A PICTURE 📷

동화

MYTH

"태양의 영광 아래, 항상 그대들과 함께"

❀

"비켜주세요! 오늘도 배달이 한가득이에요!"

❀

"사랑은 나의 장난 같은거지!"

❀

"감히 달의 앞에서 나쁜 짓을 벌이고도 무사할 줄 알았더냐."

❀

"아름다움은 세상을 사랑으로 물들이죠."

❀

"……"

HADES

TAKE A PICTURE 📷

신화

DREAM

"오늘도 다같이 화이팅!"

✽

"피자 나왔습니다~! 맛있게 드세요!"

✽

"여기 패스!"
"조심…!"

✽

"여러분, 판다는 무~지 귀엽지만
무~지 예민한 친구니까 조용히 만나봐요~!"

✽

"허리 더 꼿꼿이. 가슴 펴고, 턱 끝 당기고, 손 끝 우아하게."

✽

"내일이 마감인데… 몇 컷 남았더라…"

✽

"나의 뮤즈는 나야."

TAKE A PICTURE

직업

- Ⓐ 오늘 윤오 MC 한 거 봤어? 코디 열일함 완전 겨울요정
- Ⓑ 헐 나도 볼래 영상 좀 누가 좌표 부탁
- Ⓒ 오늘 MC 윤오랑 미아 였네
- Ⓓ 완전 케미 조합!!
- Ⓔ 아직 안봤다니 7시간 손해보심
- Ⓕ 나나! 나도 좌표!!
- Ⓖ 미아 완전 천사임. 이번에 컨셉 완전 삼킴
- Ⓗ 근데 둘이 같이 있으니까 같은 그림체네.. 진짜 짜증나게 잘 어울림
- Ⓘ 둘이 사귄다던데
- Ⓙ 진짜임? 그거 그냥 썰 아님?

아 진짜 싫어~! 야, 안 떨어져? 그건 대체 무슨 패션이야?
완전 촌스러. 등산 하러 가세요?

허? 패알못이야? 레트로 모름? 레트로?

레트로 같은 소리하네, 우리 아빠 파카랑 똑같구요~

넌 지난달에 음악방송 출근룩 완전 촌스럽다고
기사에 박제당했지?

미쳤어?! 그거 신상 명품이거든?!

내가 그랬냐, 기자 님이 그랬지.

야!!! 너 이모한테 이를거야!!!

넌 나이가 몇 살인데, 우리 엄마한테 맨날 이른대냐.
일러라! 나도 니가 오빠한테 너,야 했다고 할테니까.

아 진짜!! 짜증나!!! 왜 맨날 이 인간이랑 엮이는 거야!!!

Ⓐ 저 둘이 은근히 친하네?

Ⓑ 은근히 아닐 걸? 둘이 같은 부잖아.

Ⓒ 진짜? 몰랐어. 완전 다른 타입이잖아.

Ⓐ 무슨 부?

Ⓑ 진짜 너네 몰랐어? 농구잖아. 우리 학교 농구 명문인데 모르는 너네도 너네다.

Ⓒ 아니 우리 학교 농구부 유명한 건 알았는데 저 둘이 농구부인지 몰랐지.

Ⓑ 쟤네 은근히 유명해. 둘이 완전 콤비라고 합이 장난 아니래. 농구는 기본으로 둘 다 잘하고.

Ⓐ 그렇구나. 둘 다 공학이면 인기 장난 아니었겠네.

Ⓑ 남고인게 비극이지 뭐.

Ⓒ 야 그럼 우리도 비극이냐.

Ⓑ 어.

소식 들었어. 스케이트 선수로 유명해진 거 뉴스로 봤거든.
이번에도 세계 선수권 대회에서 신기록 세웠다며.

　넌 여전히 그 버릇 못 고쳤더라.

그래도 아직 지켜보고 있었구나.

　… 장난이야. 이젠 완전히 프로 같던데

옛날엔 영원히 함께일 줄 알았어.
그래도 잘 지내고 있는 것 같아서 다행이네. 오랜만이야.

　어.

[잘 지내고 있는 것 같아 다행이지만
왠지 서운한 지금]

- Ⓐ 아 오늘 결승 찢었다. 장난 아님 대박이야!
- Ⓑ 우리 핑예또 대박 터짐
- Ⓒ 투표 안 하려고 했는데, 이번 무대 진짜 완전 미쳤는데? 비주얼도 실력도 찢어버림..
- Ⓓ 다 비켜 보미 여신.. 드럼 칠 때 카리스마 터짐
- Ⓔ 보미가 여신이면 우리 핑예또는 뭐냐 타락천사냐
- Ⓕ ㄴ 왜저래 ㅋㅋ
- Ⓖ ㄴ 여신과 타락천사... 뭐냐 인소냐
- Ⓗ ㄴ 아저씨 .. 요샌 인소라고 안해요.. 요샌 웹소라고해요..
- Ⓘ 근데 진짜 둘 다 완전 다른데 오늘 무대 둘 다 너무 좋더라.. 너무 잘해. 소름돋아
- Ⓙ 둘 다 나이도 어린데, 앞으로가 기대됨

수고하셨어요~!

수고하셨습니다.

수고 많았어, 당근! 우리가 이겨버리겠지만
너무 슬퍼하지 말라구!

… 속단하는 것 만큼 어리석은 일도 없지.

너, 자신이 없나 보구나?
이기겠단 말도 못하는 거 보면 말야?

원래 실력 없는 사람이 겉만 번드르르 하지.
떨어졌다고 울지나 마.

울어? 있지, 실력이라면 시아랑 시이가 최고라고~!
너랑 그 양아치 애송이 한테는 절.대. 안 져

미안하지만 너희 같은 어린애들을 상대로 질리가 없지

흥 진짜 재수없어! 다시마 머리!!

신경 안 써, 핑크가발.

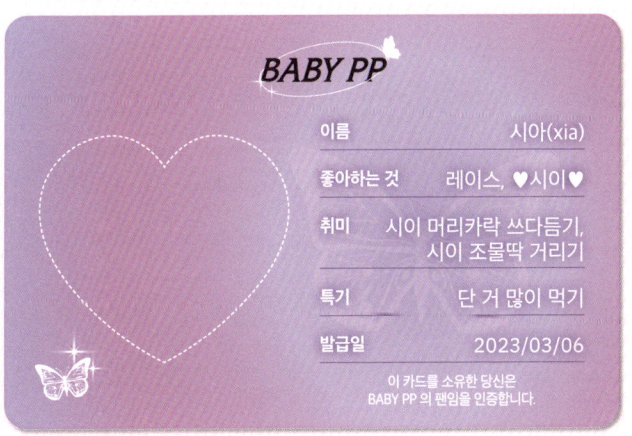

MOONWOL HIGH SCHOOL

채 보미

생년월일 2006.02.14
유효기간 2025.02.14

위 사람은 본교 학생임을 증명함.
문월고등학교장

YD Ent

사원증
이 윤오

- **소속그룹** SK8TER
- **생년월일** 2002.05.21
- **포지션** 리드보컬,리드댄서
- **상징색** 화이트

HIGH SCHOOL

이름	이 하준
생년월일	2005.03.09
부서	농구부
포지션	포워드

2023.03.02 ▶

HIGH SCHOOL

이름	김 시원
생년월일	2005.05.17
부서	스케이트부
포지션	스케이트보드

2023.03.02 ▶

내가 만드는 프로필

	이름		생년월일	
	별명		역할	
	취미/특기		MBTI	

나의 습관	나의 매력	오늘의 TMI

오늘의 노래 추천	나를 비유하는 동물	버킷리스트

좋아하는 것(3가지)	싫어하는 것(3가지)	최근 관심사

나의 입덕 포인트는?	나의 이름으로 n행시!

나에게 하고 싶은 말	

CHUCHUHAE
김재희

"순정만화처럼 아름다운 이야기를 그립니다."

2018년 청강대 애니메이션과를 졸업, 2019년 일러스트레이터 활동을 시작했다. 2020년부터 다양한 뮤지션들의 앨범 커버 일러스트를 담당하고 포레스트 북스의 카드뉴스 및 BGM팩토리 유튜브 애니메이션을 제작했다. 2022년에는 의류 브랜드 마가린핑거스 및 쿠아비노와 협업 작업를 진행했으며, 현재까지 나이트템포의 앨범 일러스트를 담당하고 있다.

인스타그램 @jhartjh

PUMPUM
이나리

"지금 가장 예쁜 모든 순간을 담아내는 일러스트를 그립니다."

2020년 일러스트레이터 활동을 시작, 다양한 오프라인 행사에 참여했다. 2021년에는 의류 브랜드 클럿스튜디오와 협업 작업을 진행하였으며, 현재는 SNS를 중심으로 개인 작업과 오프라인 행사에 집중하여 활동하고 있다.

인스타그램 @pumpum_rum_

일러스트랩LAB
멜로디 스타 연구실

1판 1쇄 발행 2023년 12월 25일

지은이 쭈쭈해 펌펌
기획 황혜린
펴낸이 주연선

㈜은행나무
04035 서울특별시 마포구 양화로11길 54
전화 02)3143-0651~3 | **팩스** 02)3143-0654
신고번호 제 1997-000168호(1997. 12. 12)
www.ehbook.co.kr
ehbook@ehbook.co.kr

ISBN 979-11-6737-346-5 (13650)

- 이 책의 판권은 지은이와 은행나무에 있습니다. 이 책 내용의 일부 또는 전부를 재사용하려면 반드시 양측의 서면 동의를 받아야 합니다.
- 잘못된 책은 구입처에서 바꿔드립니다.